RELATION

DE CE QUI S'EST FAIT

A LYON,

AU PASSAGE

DE MONSEIGNEUR

LE DUC DE BOURGOGNE

ET DE MONSEIGNEUR

LE DUC DE BERRY.

Dépuis le 9. d'Avril jusques au 13. du méme Mois. M. DCCI.

A LYON,

Chez LOUIS PASCAL., Libraire Ruë Mercière;.
proche la Place des Jacobins..

AVEC PERMISSION.

RELATION

DE CE QUI S'EST FAIT A LYON
AU PASSAGE

De Monſeigneur le Duc DE BOURGOGNE,

& de Monſeigneur le Duc DE BERRY.

Dépuis le 9. d'Avril , juſques au 13. du même mois M. D C C I.

'HONNEUR qu'a eu la Ville de Lyon , de recevoir Monſeigneur le Duc de Bourgogne , & Monſeigneur le Duc de Berry , & la bonté ſingu-liere avec laquelle ces Auguſtes Princes ont agréé le zéle ſincére qu'on y a faitparoître pour eux , méritent bien qn'on prenne ſoin d'en conſerver le ſouvenir , & d'en inſtruire ceux qui n'ont pas pû en être les témoins.

A

C'est dans cette vûë qu'on donne icy au Public le détail de tout ce qui s'est passé dans cette occasion. On a tâché d'en bien circonstancier la Narration, & on s'est attaché sur tout à ne luy donner pour tout ornement que l'exactitude & la simplicité.

LE Samedy 9. Avril, Messeigneurs les Princes qui avoient couché dans un Bourg du Dauphiné nommé Eyrieu, traverserent le matin une belle & vaste Plaine appellée SAINFONS, & parurent à la vûë de Lyon à une heure aprés midy. Le temps se trouva heureusement le plus favorable qu'on eut eu dépuis six mois, & ce beau temps continua précisément jusques à leur départ.

Tous les Ordres ayant été donnez & les mesures prises pour la reception des Princes, dés qu'on fut averti qu'ils approchoient, la Noblesse des trois Provinces du Lyonnois, Forest & Beaujollois, qui avoit été invitée; se mit en marche pour aller au-devant d'eux. Elle avoit à sa tête Monsieur le Marquis de Rochebonne Commandant dans la Province, & elle marchoit par Pelotons & sans ordre; mais cette confusion avoit je ne sçay quoy de noble, & qui plût beaucoup. Cet illustre Corps composé d'un fort grand nombre de Gentils-hommes bien montez & fort lestes, trouva Nosseigneurs les Princes à demy-lieuë au-delà du Faux-bourg de la Guillotiere, & eut l'honneur de les saluër.

Le Marquis de Rochebonne fit ſon compliment qui fut agréé, autant par ſa juſteſſe que par ſa briéveté. Aprés quoy la Nobleſſe ſuivit le Carroſſe des Princes & prit avec eux la route de la Ville.

Les differentes Marechauſſées du Gouvernement avec leurs Prévoſts & leurs Officiers, s'étoient renduës à ce même endroit, & elles faiſoient un trés bel effet par leur bon ordre, par leur nombre & par leurs habits qui étoient propres & uniformes.

Les Academiſtes de cette Ville, au nombre de vingt ſeulement, mais tous fort choiſis, formoient un petit Corps à part, qui parut des plus brillans & des mieux arrangez. Monſieur Pavant de Floratis leur Ecuyer, & Gouverneur de l'Academie de Lyon, les ayant diſpoſé ſur une ligne avec beaucoup d'ordre, eut avec eux l'honneur de ſaluër trois fois les Princes l'épée à la main.

Aprés ces divers Corps de Cavalerie, les Princes avançant un peu plus vers le Faux-bourg, trouverent le Corps le plus avancé de la Bourgeoiſie de la Ville. Elle formoit dans cet endroit un Bataillon complet, dont la tête & la queüe étoient compoſées de Piquiers & de Cuiraſſiers, ou de gens armez de toutes pieces. Leurs armes étoient toutes dorées ou damaſquinées pour la pluſpart, & les rayons du Soleil qui les frapoient, leur donnoient encore un éclat nouveau.

A ij

Ce premier Bataillon étoit immediatement suivi d'une longue file d'environ cent cinquante Carrosses qui occupoient un assez grand espace, étant tous rangez sur une même ligne, pour laisser la droite à Messeigneurs les Princes. Six cens Dames des plus distinguées de la Ville, vêtuës de deüil, & parées de leurs plus riches pierreries, remplissoient cette nombreuse suite de Carrosses qui alloit aboutir au commencement du Faux-bourg.

Trois mille hommes fort proprement vestus & distinguez par quartiers, qu'on appelle à Lyon P E N N O N A G E S, faisoient une double haye tout le long de ce Faux-bourg qui est d'une longue étenduë. Les ruës & les fenestres étoient remplies d'une foule incroyable de peuple, & l'on avoit été obligé pour satisfaire l'empressement public de dresser en de certains endroits de longs Amphitheatres qui furent occupez par un grand nombre de personnes choisies.

Le pont du Rhône qui est à la tête de ce Fauxbourg fut laissé entierement vuide, parce que son peu de largeur fit juger qu'il ne convenoit pas de l'embarrasser, & l'on donna là-dessus de si bons ordres que qui que ce soit de la Ville ne parut sur ce pont (qui a plus de deux cens soixante toises de long) tandis que les Carrosses des Princes & de leur suite y défilerent.

Le Consulat composé de Monsieur Vaginay Prévost

voſt des Marchands , de Meſſieurs Perrichon , de la Rouë , Croppet de Saint Romain & Sabot Echevins , de Meſſieurs le Procureur Général , le Secretaire & le Receveur , tous en Robes violetes , qui ſont leurs Robes de Cérémonie , & des Sieurs Exconſuls en Robes noires , s'étoit rendu à l'extremité du Pont entre la Barriere & la Porte de la Ville. Ils étoient precedez par leurs Mandeurs en Robes , & portant leurs grands Ecuſſons.

Meſſeigneurs les Princes étant arrivé dans cet endroit eurent la bonté de faire arrêter leur Carroſſe pour recevoir le Compliment du Prevoſt des Marchands , qui parla avec beaucoup d'eſprit & de dignité , & dont ils parurent extrêmement ſatisfaits.

La Harangue finie, on oüit tout-à-coup une agréable fanfare de quinze trompetes qu'on avoit placé à la deſcente du Pont , devant la Chapelle du S. Eſprit & le peuple répondit à ce bruit par une acclamation générale, & par un million de VIVE LE ROY.

On avoit placé à la Porte la Compagnie des deux cens Arquebuſiers, commandée par Mr Ferrus Capitaine de la Ville , qui en garda les Portes ce jour là & les trois jours ſuivans.

Une double haye de Penons occupoit la premiere

ruë qui se presente d'abord en entrant & qui va abou
tir à la place de Bellecour.

Cette place qui est une des plus belles de l'Europe
& qui a plus de six cens pas de long, & plus de troi
cens de large, parut ce jour-là aux yeux de tout l
monde un spectacle tout-à-fait ébloüissant.

Toute la vaste étenduë de cette place étoit rempli
d'une multitude innombrable de gens de la Ville &
d'Etrangers, laquelle cependant ne causa nulle confu
sion, & l'on a jugé qu'il se trouva ce jour-là dans Bel
lecour plus de soixante & dix mille Ames, sans com
pter un grand nombre de personnes de distinction
qui étoient aux Fenêtres, aux Balcons, & sur les Am
phitéatres qu'on avoit dressé en divers endroits.

Vingt Bataillons complets de la Bourgeoisie de l
Ville, rangés & disciplinés tout aussi bien qu'il se pui
se, faisoient une double haye dépuis l'entrée de Bell
cour, jusques au Palais qui avoit été preparé pou
Messeigneurs les Princes.

Mr de Vallorges Major de la Ville, étoit a
milieu de toutes ces Troupes, à qui il donnoit l'am
& le mouvement, & qu'il avoit disposé dans un tr
bel ordre, sur le plan que Monsieur le Marêchal Du
de VILLEROY Gouverneur de la Province avoit pr
soin de dresser luy-même.

La magnificence de ces Troupes répondoit parfaitement à leur diſcipline, & l'on oſe aſſeûrer ici qu'il ſeroit difficile de trouver ailleurs une milice auſſi richement vétuë & auſſi brillante que celle-cy le fut en cette occaſion.

Les Capitaines Penons avec leurs Lieutenans &
leurs Enſeignes avoient preſque tous des habits en broderie ou chamarrez de galons d'or ou d'argent.

Chaque Perſonage avoit un riche Drapeau avec ſa
Déviſe particuliere.

Mais ce qui mérite une attention bien ſinguliere,
c'eſt que parmi tous ces quartiers qui ſont au nombre
de trente cinq, & qui étoient tous compoſez de deux
cens hommes choiſis ; il n'y en avoit preſque aucun
où l'on ne remarquât un fort grand nombre de per-
ſonnes auſſi magnifiquement vêtuës que des Officiers
pourroient l'être. On vit même avec une vraye admi-
ration dans la place de Bellecour pluſieurs Penonages
entiers dont tous les Soldats voulant à l'envi marquer
leur zéle dans cette glorieuſe occaſion, avoient des
juſte-au-corps d'écarlate, ou de velours, ou d'un drap
des plus fins & tous galonez d'or ou d'argent.

Tous les rangs étoient chacun en particulier parfaitement uniformes, & cette grande multitude d'armes
dorées, de plumets blancs & d'écharpes frangées d'or,

avoit quelque chose de trés-grand & qui frappoit agréablement les yeux.

Aussi les deux grands Princes voyant toute cette Bourgeoisie sous les armes, luy firent l'honneur de dire fort haut qu'ils la trouvoient fort riche & bien disciplinée.

L'ordre que Monsieur le Maréchal DE VILLEROY avoit fait publier de ne point tirer sur peine de la vie, fût exactement observé. Mais les Princes par une distinction trés - glorieuse pour la Bourgeoisie de cette Ville, voulurent bien luy permettre par la consideration de sa fidelité éprouvée, de laisser les pierres & les méches aux armes à feu qu'elle portoit : ce qu'on n'avoit point permis ailleurs.

Ce fut entre cette double haye d'Infanterie, dont les Capitaines & les Lieutenans saluöient de la Pique, & les Enseignes du Drapeau, que Nosseigneurs les Princes furent conduits au Palais, où le Roy avoit ordonné qu'on les logeat, & où il avoit autrefois logé luy-même & Madame la Duchesse de Bourgogne aprés luy. C'est la maison de Mr Mascrany, qu'on appelle la maison rouge, & qui est au fond de Bellecour, à l'extremité du Mail.

La Garde du Palais, laquelle se faisoit nuit & jour, fut partagée entre la Compagnie franche de Mr de Souternon, Capitaine dans le Regiment Lyonnois, qui

avoit

avoit la droite , & le plus ancien Penonage , parmy les Troupes duquel , il y avoit cinquante Cuiraſſiers. La Garde fût relevée de vingt & quatre heures en vingt & quatre heures, par le Major de la Ville.

Les deux Auguſtes Princes étant entrez dans leur appartement, Mr Proſt de Grange-blanche Procureur Général de la Ville , & Mr Perrichon le Fils Secretaire de la même Ville , precedez des deux premiers Mandeurs , allerent leur offrir les preſens de la Ville. Ces préſens parurent d'un ſi bon goût , & ils étoient ſi galamment arrangez , que les Princes aprés les avoir reçûs trés gracieuſement, & les avoir conſiderez quelque temps ; ordonnerent qu'à l'exception du vin, on envoyât tout le reſte à Verſailles.

Ce fût pour obeïr à cet ordre ſi glorieux & ſi plein de diſtinction pour cette Ville , que Monſieur Desgranges Maître des Cérémonies écrivit le même jour à Monſieur le Prévoſt des Marchands , & lui fit ſçavoir que *Monſeigneur le Duc de Bourgogne & Monſeigneur le Duc de Berry avoient trouvé ſi agréables les Préſens qu'il leur avoit fait, qu'au vin prés , ils vouloient les envoyer tous à Verſailles ; & qu'ainſi il le prioit de vouloir bien luy envoyer la Perſonne qui les avoit rangez , afin qu'il pût les faire emballer proprement.* Il le prie auſſi par la même Lettre, de luy envoyer un memoire de tous ces préſens, dont le détail quelque long & quelque brillant qu'il puiſſe être , ne pourroit pas cependant répondre à l'idée qu'en donne un témoignage auffi honorable que celuy-là.

Les Princes aprés avoir paru quelque temps aux fenêtres du Palais, d'où ils voyoient avec plaifir cette prodigieufe multitude de gens qui rempliffoient la place de Bellecour, entrerent dans leur Cabinet, où ils refterent enfermez affez long-tems. Lors qu'ils en furent fortis, on leur préfenta à chacun un Livre magnifiquement relié en Velours violet, avec leurs Armes relevées en broderie d'or: C'étoient les Principales Antiquitez & les Singularitez les plus remarquables de cette Ville recüeillies par le Pere de Colonia Jefuite, & accompagnées de plufieurs applications à l'honneur des Princes. Le lendemain le Confulat fit diftribuer à toute leur Cour un grand nombre d'exemplaires de ce même ouvrage.

Sur les cinq heures & demy du foir les Princes allerent en chaize à l'Opera qu'on leur avoit fait préparer avec toutes les précautions & tous les foins poffibles. La porte de la Salle étoit gardée par le Chevalier du Guet, à la tête de fa Compagnie, toute en habits neufs uniformes. On avoit ménagé pour les Princes un efcalier dérobé, qui écarta d'eux la foule qui fût extraordinaire. Leur loge étoit tapiffée d'un velours cramoifi avec des crepines d'or & l'attention dont ils honorerent la reprefentation de cette piece, qui fut celle de Phaëton, & qui reuffit à merveille , fut une marque du plaisir qu'ils y eurent.

L'Opera fini , les Princes retournerent au Palais où ils souperent. Ce fut durant leur souper qu'on tira tout le Canon de la Ville , avec un fort grand nombre de Boîtes : les Princes ayant eu eux-même la bonté d'ordonner , par complaisance pour les Dames , qu'on renvoyât à ce temps-là cette marque de la joye publique , afin de leur épargner la frayeur qu'elles auroient pû avoir , si on avoit tiré le Canon tandis que leurs Carrosses passoient sur le Pont du Rhône.

LE Dimanche dixiéme d'Avril , les Princes allerent entendre la Messe à l'Eglise Cathedrale de Saint Jean.

Monsieur l'Archevêque en Chape & en Mître les reçût à la Porte de l'Eglise. Il étoit à la tête des Chanoines Comtes de S. Jean, & de tout son Clergé en Chape,& rangé des deux côtez de la Nef, depuis la Porte du Chœur, jusques à la grande Porte de l'Eglise, où l'Archevêque présenta l'eau benîte aux Princes & leur fit un discours plein d'éloquence & de pieté.

La Harangue finie, les Princes suivirent l'Archevêque & le Clergé dans le Chœur, & furent conduits dans les places de l'Archidiacre & du Maître du Chœur, sur chacune desquelles on avoit mis un Daiz.

Aprés les Cérémonies accoûtumées Monsieur l'Ar-

chevêque s'étant allé habiller au Thréſor de l'Egliſe , vint célebrer la Meſſe Pontificalement , & avec
la même ſolemnité qui s'obſerve aux plus grandes
Fêtes de l'Année. Il étoit aſſiſté de ſept Acolites ,
de ſept Sous - Diacres , de ſept Diacres , de ſept
Prêtres revêtus de leurs Chazubles , du nombre deſquels il étoit , & de ſept autres Prêtres revêtus de
leurs Chapes.

Tous les Officians au nombre de quarante , les
Comtes en Mître & les autres découverts , entrerent
dans un tres-bel ordre par la grande Porte du Chœur,
& ſaluërent les Princes en paſſant. La Meſſe fut En-
tonnée par Mr le Comte de Saint George Précenteur,
& elle fut chantée par tout le Clergé en Plainchant.
On fit *l'Adminiſtration* qui eſt une ancienne Cérémonie qui s'y pratique lorſque Monſieur l'Archevêque y Officie. On appelle *Adminiſtration* l'eſſay
du Pain & du Vin , qui ſe fait par le plus Ancien des
Perpetuels , en préſence de tous les Diacres , & de tous
les Sous - Diacres. Pour cet effet , ils ſortent tous du
Chœur & ſe rendent à la Chapelle de Nôtre Dame ,
où Mr le Prieur de la Platiére eſt obligé d'apporter du
Pain & du Vin , dont on choiſit le meilleur pour le
Saint Sacrifice , & aprés l'avoir choiſi , on le porte ſur
la credence avec grande ſolemnité.

Toutes les autres Cérémonies de la Meſſe Pontifi-
cale furent pratiquées avec beaucoup d'ordre & de dignité , »

gnité, ſuivant l'ancien & conſtant uſage de l'Egliſe de Lyon, & attacherent extremement Noſſeigneurs les Princes.

Monſieur l'Evêque de Saint Flour, de la Maiſon d'Eſtaing, qui étoit venu à Lyon pour les ſaluër, aſſiſta à toute cette Cérémonie avec Meſſieurs les Comtes de Lyon, du nombre deſquels il avoit autrefois eſté.

Aprés le dîner Monſeigneur le Duc de Bourgogne & Monſeigneur le Duc de Berry ſuivant leur piété ordinaire, allerent à Vêpres dans l'Egliſe d'Aiſnay.

Aprés que les Vêpres furent dites, ils s'arrêterent quelques temps avec plaiſir à conſiderer un Monument antique qu'on leur fit remarquer dans cette Egliſe. Ce ſont les deux Colomnes du célébre Temple d'Auguſte que les Soixante Nations des Gaules qui negocioient à Lyon, firent bâtir à l'honneur de cet Empereur au confluent du Rhône & de la Saône, il y a plus de dix-ſept Siecles. Ces colomnes qui ont eſté depuis partagées en quatre, ſoutiennent aujourd'huy la voûte du Chœur de l'Egliſe d'Aiſnay.

Sur les trois heures les Princes allerent prendre un divertiſſement qu'on leur avoit préparé dans la place de Bellecour. La Compagnie des Chevaliers de l'Arc, fort ancienne dans Lyon, avoit dreſſé dans le fond de cette place une maniere de camp, qui

D

avoit cent cinquante pas de long & quatre vingt de large. Le fond de ce Camp étoit rempli par quantité de barraques peintes diverſement & deſtinées pour les Chevaliers. La tête du Camp étoit ornée de quatre Pavillons , au milieu deſquels il y en avoit un cinquiéme préparé pour les Princes , lequel étoit couvert d'ardoiſes & embelli au dedans de tapiſſeries de Flandres , de Glaces , de Portieres , de Rideaux , de deux Fauteüils de Velours cramoiſi avec des Crépines d'or , & de pluſieurs autres ornemens.

Les Chevaliers au nombre de Soixante, outre ceux de cinq autres Villes de la Province , qui s'étoient venus joindre à ceux de Lyon , portoient chacun un riche Carquois revêtu d'un Drap Bleu & relevé en broderie d'Or, avec des Fleurs de Lys & des trophées de même. Ils avoient ſur la tête un bonnet à la Polonoiſe fourré de petit gris , & chamarré de galons d'Or en Ziczac. Leurs habits étoient propres & uniformes, & pour marque de leur Chevalérie , ils portoient chacun à la boutoniere une Croix de vermeil, chargée d'un Arc & d'une Flêche en Sautoir.

Ils avoient à leurs tête leurs Officiers précédés de leurs Tambours & de leurs Hautbois , & de pluſieurs hommes habillés à la maniere des principales Nations qui ſe ſervent aujourd'huy de l'Arc & de la Flêche.

Les Princes étant entrés dans ce Camp , eurent la

complaisance de s'armer du Brassard d'Argent, de l'Arc
& des Flêches qu'on leur présenta, aprés que Mr Vaginay
Capitaine-Lieutenant de la Compagnie, leur eut fait
un Compliment tres - juste, & ils tirerent plusieurs
coups avec une adresse qui fut extrémement applau-
die : & pour marquer combien ils étoient satisfaits
de la Compagnie & de ses exercices, ils luy firent
l'honneur avant que de partir de Lyon, d'écrire leurs
Noms dans le Livre des Chevaliers ; ils accepterent
avec plaisir les riches Armes dont ils s'étoient servis,
qu'on eut l'honneur de leur présenter. Enfin pour der-
niere marque de bonté, ils firent emporter avec eux
l'Oiseau qui fut abbatu par un Chevalier de Lyon,
nommé Mory, la Flêche avec quoy il l'avoit abbatu, & l'Arc avec le Carquois dont il s'étoit servi pour
cela.

Environ les cinq heures, Nosseigneurs les Princes,
allerent à la Maison de Saint Antoine pour voir les
Joûtes qu'on leur avoit préparé sur la Saône, & pour
voir tirer le Feu d'Artifice dressé sur la même Riviére.
Ils furent reçûs à la Porte par tout le Consulat qui
avoit choisi cette Maison, comme la plus commode
& par sa situation & par son agrément. Les Religieux
de Saint Antoine sensibles à une pareille distinction,
s'étoient disposé de tout leur mieux à recevoir dans
leur Maison les grands Princes qui devoient l'honorer
de leur présence.

La Galerie & les Sales voisines avec l'escalier qui y
conduit, étoient embellies de quantité de Lustres &

de Candelabres de cryſtal , & on n'avoit rien negligé pour bien orner cet appartement.   On y voyoit des peintures de prix & en grand nombre : Une Judith d'Hannibal Carrache , un Seneque du Guide , des originaux du Padoüan , du Correge , d'André del Sarto , de Leonard Vinchi Maître de Raphaël d'Urbin , &c.

La place des Princes étoit marquée par un riche Daiz de Satin blanc en brodérie , avec les armes de France. On avoit placé ſous le Daiz deux Fauteüils d'un Velours bleu avec deux Carreaux ſur les deux fenêtres des Princes, deux ſur les Tabourets qui étoient aux bas , & deux ſur les Fauteüils. Tout le reſte de la Galérie étoit orné à proportion.

Les Bateliers au nombre de cent partagés en deux Eſcadres , & tous vétus de blanc , avec des galons & des boutonnieres de ſoye , donnerent beaucoup de plaiſir aux Princes , en faiſant devant eux les mêmes exercices qu'ils avoient eu l'honneur de faire autrefois devant le Roy. On voyoit ſur leur Drapeau une Embléme qui convenoit fort au ſujet, & qui exprimoit bien la vive joye qu'ils avoient de ſervir au divertiſſement des Princes. C'étoit un Navire rempli de Matelots qui pouſſoient de cris d'allegreſſe , en voiant paroître dans le Ciel les deux Aſtres qu'on nomme Les Gemeaux, & qui ſont d'une augure trés-favorable pour les Matelots. Ces paroles ſervoient d'ame à l'Embléme.

A LACRES.

ALACRES FACIUNT HÆC SIDERA NAUTAS

Le favorable aspect de ces Astres brillans ,
Rend tous nos Matelots contens.

Les cris d'allegresse que poussoient les Combattans
les acclamations d'un Peuple infini qui assistoit à ce
spectacle, le bruit des Tambours, des Haut-bois &
des Tymbales, mêlé à ces voix confuses, tout cela
ensemble fut pour les PRINCES, un agréable
amusement.

Le temps qui restoit dépuis la Joûte jusques à ce
qu'on tirât le Feu d'artifice, fut rempli par un beau
Concert de Voix & d'Instrumens qui agréa fort. En
voicy les paroles.

DIALOGUE

SUR MONSEIGNEUR.

LE DUC DE BOURGOGNE.

PROLOGUE.

La Nymphe de la Seine au milieu de ses Flots,

Malgré le cristal de ses Eaux,

Se sent brûler d'impatience

De revoir son jeune Heros.

D'un objet si chéri la charmante présence

Peut seule faire son répos.

Elle réproche au Rhosne un bon-heur qu'elle envie.

Daignés, Prince, écouter leur trop justes combats.

Mais quoy que la Seine vous die ,

Malgré sa juste jalousie,

Malgré ses plus tendres appas,

Tout vous conjure icy de ne la croire pas.

DIALOGUE
DE LA NYMPHE
DE LA SEINE
ET DU RHOSNE.

LA NYMPHE DE LA SEINE.

Rend moi *sans* differer le PRINCE *que j'adore;*
Sur tes bords éloignez, c'est trop le retenir;
Mon cœur impatient ne peut plus soûtenir
      L'ennuy mortel qui le dévore;
      Son seul retour peut le finir.

LE RHOSNE.

Depuis l'heureux moment qu'une si belle vie
Pour le bonheur du monde à commencé son cours,
Sur vos bords fortunez, vous le vîtes toûjours:
      Faut-il que déja l'on m'envie
Le bonheur passager de l'avoir quelques jours?

LA NYMPHE.

Je me ſuis fait une douce habitude
De voir ſur mon rivage un Prince ſi charmant.
Je ne puis plus ſans trouble & ſans inquietude
Le perdre pour un ſeul moment.

LE RHOSNE.

Si ſa gloire vous étoit chere,
Vous ne pouſſeriez pas ces indignes ſoûpirs ;
Et ſon éloignement bien loin de vous déplaire,
Mettroit le comble à vos deſirs.

LA NYMPHE.

Moy ! de ne plus le voir que je me rejouïſſe !
O Ciel ! c'eſt pour mon cœur le plus rude ſupplice.

LE RHOSNE.

Et ne doit-ce pas être un charme à vôtre amour
D'oüir ce que la Renommée
Raconte de luy chaque jour,
Et de voir ſa gloire ſemée
Dans mes climats comme à la Cour.

Quel

Quel solide avantage & quel charme d'apprendre
Qu'on voit en mille lieux ses vertus se répandre :
Que cent Peuples divers volent de toutes parts
Et confondent sur luy leurs avides regards :
Qu'on ne peut se lasser de le voir, de l'entendre,
Et ce qui doit enfin faire tarir vos pleurs,
C'est que vous le verrez chargé de mille cœurs

TOUS DEUX à la fois.

Quel avantage & quel charme d'apprendre, &c.

LA SEINE seule.

Et ce qui doit enfin faire tarir mes pleurs,
C'est que je le verray chargé de mille cœurs.

RECIT
DE CASTOR
ET
POLLUX.

SUJET DU RECIT.

Castor & Pollux Fils de Jupiter accompagnent Jason à la conquête de la Toison d'Or. La Grece celebre leur retour par des Fêtes publiques.

Des Climats fortunez, de l'heureuse Ibérie

Les Fils de Jupiter font enfin de retour.

Le deftin nous raméne au gré de noftre envie

         Caftor & Pollux dans ce jour.

De nos Chants les plus doux ranimons l'harmonie.

         Marquons leur bien tout noftre Amour.

En dépit des rigueurs d'une saison cruelle,
Dans sa pénible course ils ont suivi Jason
Et fait avec un méme zéle
La conquête de la Toison.

On repéte.

De nos chants les plus doux, &c.

Arbres naissans redoublez vos ombrages ;
Petits Oiseaux égayez vos ramages.
Prodiguons leur nos fleurs, ne les épargnons pas.
Ils en font naître sous leurs pas.

Que nos Parterres refleurissent :
Que nos Boccages reverdissent :
Que d'un éclat nouveau tout brille dans nos champs
Et que nos Echos retentissent
Du doux murmure de nos chants.

On repéte.

En dépit des rigueurs d'une saison cruelle,&c.

F   ij

A L'entrée de la nuit, on fut frappé tout à coup d'un ſpectacle des plus grands & des plus beaux qu'on puiſſe imaginer.

La Montagne de Fourviére, & celle des Chartreux qui commandent l'une & l'autre la Ville, & qui forment le long de la Saône une maniere d'Amphitéatre de plus d'une demy‑lieuë de circuit, parurent dans un inſtant éclairées d'un nombre prodigieux de Pots à feu d'une invention particuliére, & arrangés avec beaucoup de Symmétrie. Les Maiſons des Communautez & les Maiſons des Bourgeois, dont ces collines ſont couvertes, accompagnoient cette illumination générale par des illuminations particuliéres, & l'on diſtinguoit avec plaiſir ſur ces Montagnes en feu, des Pyramides ardentes, des Clochers embraſés & des Galéries rayonnantes.

Les Maiſons qui ſont bâties ſur les deux bords de la Saône, & qui occupent l'eſpace de plus d'une demi lieüe, dépuis la porte de S. George, juſques fort loin au‑déla de celle de Vaize, étoient éclairées d'un nombre infini de Lanternes qu'on avoit placé aux deux côtés de chaque fenêtre. Entre toutes les Maiſons, l'Hôtel du Gouvernement ſe diſtingua par une Illumination bien ordonnée & qui fut fort remarquée de Meſſeigneurs les Princes. Ce fut à la faveur de cette Illumination la plus brillante qu'on eut encore veu, que les

Princes durant plus de deux heures contemplerent a-
vec beaucoup de plaisir sur les Quais, sur les Ponts, sur
les Amphitéatres, sur les Balcons & aux Fenêtres cette
multitude d'environ cent mille personnes qui avoient
les yeux attachés sur eux & qui de temps en temps
faisoient rétentir l'air d'un million de VIVE LE ROY,
qui empéchoient qu'on n'entendit le fracas que faisoient les Timbales & les Tambours des trente-cinq
quartiers, dont chacun en avoit un grand nombre, des-
quels on battoit tout à la fois.

L'illumination du reste de la Ville qui fut générale durant quatre nuits, étoit semblable à celle des
Quais & les Princes satisfaits d'un spectacle si charmant, eurent la bonté de répeter plusieurs fois qu'ils
n'avoient encore rien veu de si ébloüissant.

C'est durant ces acclamations dont on a parlé &
durant la plus belle nuit du monde, qu'on tira le Feu
d'Artifice qui eut tout le succés qu'on pouvoit desirer,
& dont on renvoye la description à la fin de cette narration, pour ne pas en interrompre le Cours.

LE Lundy onziéme Nosseigneurs les Princes ac-
compagnez de Mr le Maréchal Duc de Noailles,
& suivis du Consulat en Corps, allerent entendre
la Messe dans l'Eglise des Carmélites. Aprés la Messe
ils entrerent dans le Monastére, où Madame de
Villeroy qui en est la Supérieure, les reçût à la tête

de sa Communauté, & leur fit un compliment dont
ils furent extrémement satisfaits. Ils visiterent la
Maison, & ils loüerent le bon ordre & la modestie
qu'ils y remarquerent.

A leur retour ils furent complimentez par les divers Corps de la Ville, les Chefs portant la parole
à la tête de leurs Compagnies. Les Députez de Gé-
néve, qui s'étoient rendus à Lyon, firent ensuite
leur Compliment & offrirent les presens de leur
Republique.

Aprés le dîné, Nosseigneurs les Princes, allerent au
Jeu de l'Arquebuse dressé dans la place de Bellecour
par les Chévaliers de la Butte, au nombre de quarante, sans compter les Officiers. Leurs habits d'un
drap d'Angleterre gris céleste, avec un double agrément d'argent, leurs bas teints en écarlate, leurs
plumets blancs, leurs armes dorées, & qui passent
pour les plus belles du Royaume; le reste de leur aju-
stement qui étoit tout-à-fait uniforme, tout cela ensemble donnoit à leur Compagnie un air fort propre
& fort distingué.

Tous ces Chévaliers s'étans assemblez le matin,
se rendirent à l'Hôtel de Ville, où ils reçurent les Bri-
gades de Chambery, de Grenoble & de S. Estienne,
invitées au Prix Général, que les Chevaliers de Lyon
rendoient; celles de Bourgogne ayant manqué au

rendez-vous , à cause du changement de route de Messeigneurs les Princes.

Toutes les Loix de cette Chévalerie ayant été réglées de concert , on fit servir pour tous les Chévaliers dans la Sale des Portraits de l'Hôtel de Ville , un repas aussi délicat que somptüeux , sur quatre Tables de vingt & cinq couverts chacune. Aprés le repas ils se mirent en marche pour se rendre à la place de Bellecour, où les Officiers eurent l'honneur de salüer Nosseigneurs les Princes , qui des fenêtres de leur Palais les virent entrer en bon ordre dans la grande allée des Tilleulx. Au bout de cette allée on avoit construit pour les Princes , à la distance necessaire pour tirer , une Sale richement ornée , avec des Loges pour les Chévaliers, embellies de Pilastres & de Frizes , ce qui faisoit une fort agréable perspective.

A peine les Compagnies eurent elles formé une double haye , que Messeigneurs les Princes se rendirent dans leur jeu, & ayant pris les armes que les Officiers eurent l'honneur de leur présenter , ils firent l'ouverture du Prix & tirerent chacun deux coups avec beaucoup d'adresse. Ils voulurent même par une bonté & une confiance singuliére que tous les Chévaliers tirassent en leur présence , & ils prirent la peine de demander le Nom & le Païs de ceux qui avoient donné dans le noir. Enfin pour marquer l'estime qu'ils font de ces exercice , ils ont eu la bonté avant leur départ, d'en ſigner les Regiſtres.

Le premier prix a été remporté par la Brigade des Chevaliers de Grenoble.

Environ les trois heures Noſſeigneurs les Princes allerent au grand Monaſtére de la Viſitation de Sainte Marie , où ils virent le cœur de Saint François de Sales , que la feüe Reine Mere , étant à Lyon , fit proprement enchaſſer dans un grand Reliquaire d'Or. Avant que de ſortir , ils firent leur Priére à ce Saint, avec une pieté fort exemplaire.

De-là Meſſeigneurs les Princes allerent pour la ſeconde fois dans la Maiſon de S. Antoine , où ils furent encore reçûs par le Conſulat, & où on leur donna de nouvelles fêtes ſur la Riviére. Les Bateliers joûterent encore une fois. Les joûtes furent ſuivies du divertiſſement de l'Oye & de celuy des Canards, dont les Bateliers rompoient en paſſant les Cages à coups de Marteau & ſe plongeoient à l'envi dans la Riviére , pour y prendre les Canards qui s'y étoient jettés. Cet exercice fut fort plaiſant , & quant il fut finy, les Princes allerent dans la place de Bellecour, où étoit le Regiment de Gals qu'ils firent paſſer en revûë.

Le ſoir ils furent à l'Opera , où l'on repréſenta L'europe Galante , avec un Prologue, qui avoit été compoſé par les ſoins du Conſulat. Le deſſein de ce Prologue rouloit ſur l'union de la France

& de

& de l'Eſpagne qui établit le repos de l'Europe, malgré les efforts de l'envie qui tâche de le troubler. On avoit fait faire aux Acteurs des habits neufs & riches,& cette piece eut beaucoup de reüſſite.

Aprés le ſouper on tira dans la place de Bellecour une fort grande quantité de feux d'Artifice & l'Illumination fut auſſi belle & auſſi générale, qu'elle l'avoit eſté les deux nuits précédentes.

LE Mardy douziéme Meſſeigneurs les Princes allerent à la Meſſe dans l'Egliſe du grand Collége des Jeſuites. Elle fut célébrée par Mr l'Abbé la Croix Chapelain du Roy, & les Princes l'entendirent avec une attention & une piété qui édifierent fort toute l'aſſemblée. Au ſortir de la Meſſe ils monterent à la Bibliotheque, magnifiquement bâtie par la Maiſon DE VILLEROY & augmentée fort conſiderablement par la Bibliotheque de feu Monſieur l'Archeveque de Lyon. Monſieur le Maréchal de NOAILLES leur fit remarquer les divers monumens qu'on y a érigé à l'honneur de cette Maiſon & pour y conſerver le ſouvenir de ſes bien-faits. Les Princes s'arrêterent quelque temps à conſidérer des Globes , à examiner des manuſcrits & à voir parmi les Livres de feu Monſieur l'Archeveque un Livre compoſé autre-fois par le Roy & intitulé, *Traduction de la guerre de Céſar contre les Suiſſes.*

De-là ils entrerent dans le Cabinet des Medailles du Pére de la CHAIZE, où ils reſterent demi-heure, & où ils firent voir une erudition & un goût pour l'Antiquité qui enchanterent toute l'aſſemblée. Le P. Anti-

quaire ayant eu l'honneur de leur faire voir la suite
des Empereurs Romains en Bronze, en Argent , &
en Or, avec un grand nombre d'Idoles & d'autres figures Antiques Egyptiennes, Greques & Romaines ,
Monseigneur le D u c de B o u r g o g n e luy fit
diverses questions tres sçavantes sur la Chronologie ,
sur l'Histoire, sur le Dieu Mithra , sur Harpocrate ,
sur les Sicles Hebreux & Samaritains ; il démêla sur
le champ l'Antique du Moderne ; il fit de belles re-
marques sur le Boisseau du Dieu Serapis, & sur l'A-
miante des Lampes qu'on appelle Inextinguibles.

Ensuite ayant apperçû une figure antique de la Victoire, à qui il manquoit une aîle , il demanda d'où
vient que cette Victoire n'avoit pas deux aîles comme les autres figures de même espece qu'il se souve-
noit d'avoir veûës. Le Pere répondit que l'aîle qui
manquoit avoit été détruite par le temps ; Que celle
qui restoit étoit de trop & qu'il vouloit l'arracher. Le
Prince ayant voulu sçavoir pourquoy ; *C'est* (dit le
Pere) *que le Roy a sçû si bien fixer la Victoire , que
ses aîles luy sont devenuës inutiles , puisqu'elle ne
peut plus s'envoler.*

Au sortir du Cabinet, deux Ecoliers choisis eurent
l'honneur de presenter aux Princes des Poësies Fran-
çoises & Latines , que le Collége avoit composé à
leur honneur , & dont on distribua un grand nombre
d'exemplaires à toute leur suite. Les Princes les reçû-
rent avec bonté, & donnerent des vacances aux Ecoliers. Le soir les Jesuites voulant donner une marque

publique de leur reconnoiſſance pour l'honneur qu'ils avoient reçû, firent une grande illumination devant leur Collége, accompagnée de pluſieurs décharges de Boîtes, & d'une fanfare de Trompettes & de Tambours.

L'aprés dîné, ſur les trois heures, Meſſeigneurs les Princes allerent à l'Hôtel de Ville, & furent reçûs à la Portiére de leur Carroſſe par le Conſulat en Robes de Cérémonies.

Les Portes de cet Hôtel, étoient gardées par la Compagnie des deux cens Arquebuziers de la Ville, & quatre Bataillons de la Bourgeoiſie étoient rangez en fort bon ordre dans la place des Terreaux, que l'Hôtel de Ville a en face.

Noſſeigneurs les Princes étant entrés dans le veſtibule, & ayant veu en paſſant les anciennes Tables de Bronze de l'Empereur Claude, furent d'abord conduits dans la Sale qu'on nomme *de l'Abondance*, où l'on avoit diſpoſé avec de grands ſoins des Mêtiers & des Ouvriers d'une propreté exquiſe, pour leur faire voir nos Manufactures de brocart d'or & d'argent qui ſont des plus belles du monde & qui entretiennent les trois quarts de la Ville.

On leur expliqua fort ſenſiblement la maniere dont la ſoye ſe forme dans ſes commencemens & celle dont elle ſe met en œuvre. On leur particulariſa tous les ſoins & tous les ménagemens divers que demande cette fabrique, & on eut le bon-heur de voir que ces grands Princes entrerent dans tous ces détails avec bonté &

même avec plaisir, persuadés que la science des détails convient aux Souverains encore plus qu'au reste des hommes.

Au sortir de ce lieu, ayant fait un tour dans la grande Cour de l'Hôtel, ils montérent par le grand escalier dans la Chambre du Conseil, où l'on avoit étalé les plus beaux & les plus riches brocards d'or & d'argent qui se soient fabriqués dans cette Ville, & le Consulat eut l'honneur de les leur presenter en trente pieces diffe-rentes.

De cette Chambre ils passerent dans la Salle du Con-sulat, où ils examinérent avec soin le nouveau plan des réparations qu'on va faire à l'Hôtel de Ville.

Ce plan qui a été tracé par le célébre Mr Mansard & que le Roy a fort agréé, se trouva aussi tout-à-fait de leur goût. Avant que de quitter cette Salle, ils y virent encore le dessein de la Statuë Equestre de Loüis LE GRAND, que le Consulat a fait jetter en Bronze, du poids d'environ trente milliers, dans la Ville de Paris, & qu'il se prépare à faire ériger dans cette Ville, dés qu'on l'y aura conduite de Toulon où elle est deja arrivée

De-là Messeigneurs les Princes descendirent dans une derniére Salle, où l'on fit devant eux, une expé-rience, qui n'est pas moins curieuse qu'elle est utile au Royaume. C'est la maniére dont on dore les Lin-gots & dont on les dégrossit aprés les avoit dorés.

La Machine dont on se sert à Lyon pour les dé-grossir, qu'on appelle l'Argue, est si délicate qu'un Lingot d'Argent massif qui n'a que 2. pieds de longueur & trois pouces quatre lignes de circonference, produit

un fil d'Or de la longueur d'un million quatre - vingt
ſeize mille ſept cens & quatre pieds : de ſorte que ce
fil par l'Art du tirage s'allonge plus de cinq cens
quarante trois mille fois plus qu'il n'étoit auparavant.
Ainſi ſi l'on attachoit ce fil par un de ſes bouts &
qu'il eut aſſés de conſiſtance pour étre étendu ſans
ſe rompre , il pourroit étre conduit juſques à une diſ-
tance de ſoixante-treize lieües ; c'eſt à dire pour le
moins dépuis Lyon juſques à Toulon.

Mr Rohault dans ſon traité de Phyſique en parlant
de la diviſibilité de la matiére à l'infini , rapporte une
expérience à peu prés de cette nature , & dit qu'ayant
eſté chés un Tireur d'Or de Paris, il prit un lingot de
deux pieds huit pouces , & que l'ayant fait tirer par la
filiere la plus fine, il trouva qu'il s'étoit allongé de cent
quinze mille fois plus qu'il n'eſtoit auparavant. Enquoy
l'on voit que l'habileté des Tireurs d'Or de Lyon ſur-
paſſe trés - conſidérablement celle des Tireurs d'Or de
Paris , puiſque d'un lingot du même poids & du même
volume, ils en tirent prés de dix fois d'avantage.

Au ſortir de l'Hôtel de Ville , Noſſeigneurs les Princes
toûjours accompagnés du Conſulat allerent viſiter l'Ab-
baye Royale de Saint Pierre : Madame de Chaulnes
qui en eſt l'Abeſſe les reçût à la tête de ſa Communauté ,
& leur fit un compliment qui mérita leur approbation.

Le ſoir ils allerent pour la troiſiéme fois à l'Opera où
l'on repreſenta de nouveau l'Europe Galante, dont ils
avoient demandé la répetition.

LE Mécredy rreiziémé du mois, le temps se trouvant encore parfaitement beau, MESSEIGNEURS LES PRINCES allerent à six heures & demi de matin entendre la Messe dans l'Eglise des Celestins. Toutes les Ruës par où ils devoient passer dépuis la Porte de leur Palais jusques au lieu de l'embarquement étoient bordées d'une double Haye de la Bourgeoisie, au nombre de sept mille hommes sans compter les Officiers, & sans y comprendre les Compagnies particulieres dont on a parlé dans toute cette Relation.

Le Bateau dans lequel s'embarquerent MESSEIGNEURS LES PRINCES avoit environ 65. pieds de long 12. de large & 9. de haut. Le Salon pour les Gardes qui avoit dix pieds de long étoit tapissé de Brocatel avec deux grandes formes couvertes de même & matelassées. La Chambre des PRINCES de 26. piez de longueur étoit garnie d'un Damas rouge cramoisi, & ornée de deux canapées avec ses carreaux à houppes d'or, de 24. Perroquets, de deux Fauteüils, deux Chaises, deux Tables, le tout de velours cramoisi, avec les crépines & les moletes d'or. Les Portieres étoient de Damas avec des crepines d'or. La Cheminée ou chauffe-panse étoit blanche & or, avec sa corniche dorée ; il y avoit dans la chambre cinq fenêtres de trois pieds & demy de large chacune, toutes à panneaux de glace avec des rideaux de taffetas blanc ; La Cheminée occupoit la place de la sixieme ; treize miroirs placez entre les fenêtres, à côté des Portes & sur la Cheminée achevoient de donner à cette chambre tout l'agrément qu'on pouvoit souhaiter. Les Portes qui étoient de glace avec les Chassis dorés, avoient huit pieds de haut & quatre

de large. Le Cabinet des Valets de Chambre avoit dix
pieds de long , il étoit tapissé de Brocatel, & les autres
Meubles étoient de la même étoffe ; L'on avoit pratiqué
dans ce Cabinet un Escalier pour monter au dessus du
Bateau sans passer par la Chambre des Princes.

Tous le dessus de la Barque étoit couvert d'un Drap
d'écarlate bordé d'un Galon d'or, & la Balustrade qu'on
voyoit ornée tout autour de Filets d'or , sur un fond
blanc, n'étoit pas le moindre agrément de ce Bateau. La
Manœuvre & les Cordages n'ayant pas permis d'y faire
un Pavillon , on y avoit supléé par deux Parasols de
Damas garnis de Galons & de Franges d'or. Le grand
Mats portoit un Pavillon blanc orné de trois Fleurs de
Lis, & le Mats d'Arriere un Pavillon bleu avec un Lion
d'or. Enfin on avoit eu toute l'attention imaginable à ne
rien oublier de ce qui pourroit contribuer à la seureté, à
l'agrément, à la cómodité & au bon goût de ce Batiment.

Ce Bateau de Messeigneurs les Princes, outre celuy de
la Musique qu'il avoit à ses côtés , étoit accompagné de
trois autres Diligences partagées en deux Chambres chacune & toutes tapissées à neuf. La premiere de ces Diligences étoit pour l'équipage de Monseigneur le Duc DE
BOURGOGNE; la seconde pour celuy de Monseigneur le
Duc de BERRY, & la troisiéme pour celuy de Monsieur
le Maréchal Duc de Noailles: outre ces quatre diligences,
il y avoit trois grandes Barques pour le Bagage , pour
les Suisses & pour les autres Domestiques ; une pour le
Carrosse du Corps , une pour la Cuisine avec ses chemi-
nées & tous ses Fours differens, & une à côté pour le Go-
belet & pour la fruiterie , ce qui faisoit en tout dix Bar-

ques ou diligences, pourveuës avec profusion de toutes
sortes de pieces de Gibier, de Venaison, de Liqueurs,
de Vins & generalement de toutes les manieres diffe-
rentes de rafraîchissemens dont on avoit pû s'aviser.

Cette petite flotte fût heureusement tirée par prés de quatre cens Chevaux qu'on avoit choisi avec soin dans tout le
Gouvernement,& qui dans le temps du départ se trouverent
tous à la fois postez dépuis la route de Lyon jusques à Châ-
lon, pour se relayer de deux en deux lieuës.

Nosseigneurs les Princes étant arrivez avant huit heures au
Port Neufville, qui étoit le lieu de leur embarquement,furent
reçûs par le Consulat en Corps & en habit de Céremonie
à l'entrée du bateau où il eut l'honneur de les conduire, & ce
fut dans ces derniers momens qu'ils reçurent avec toute la
bonté imaginable les derniéres & sinceres marques de respect
qu'il s'empressa de leur donner. Dans cét instant toute l'Ar-
tillerie de Pierre-Cize, & toutes les Boîtes de la Ville tirerent; l'air rétentit d'une infinité d'acclamations de VIVE
LE ROY, & d'un million de vœux qu'on faisoit pour leur
prosperité. Douze Prisonniers que le Consulat avoit fait met-
tre en liberté, en payant leurs dettes à l'arrivée des Princes,
se presenterent pour remercier leurs Augustes Liberateurs.
Les Bateliers se hâterent de signaler leur zéle par quelques
joûtes nouvelles, & saluerent les Princes en se jettant tous
ensemble dans la Riviére dés qu'ils les virent partir ; on vit
même sur le Rivage un grand nombre de personnes fondre
en larmes en les perdant de veuë, & le Ciel qui avoit jusques-
là favorisé de ses plus beaux jours le zéle & l'empressement
des Lyonnois, changea un moment aprés leur départ, & il
recommença à pleuvoir comme il faisoit avant l'arrivée des
DEUX GRANDS PRINCES.

F I N.

PERMISSION.

PERMIS d'Imprimer. A Lyon le 25. Avril. 1701.

AUBERT.

DESSEIN
DU FEU D'ARTIFICE

DRESSÉ SUR LA RIVIERE DE SAÔNE

Par les Ordres de Messieurs les *PREVOST DES MARCHANDS & ECHEVINS* de la Ville de Lyon.

POUR L'HEUREUSE ARRIVÉE

De Monseigneur le Duc *DE BOURGOGNE*, & de Monseigneur le Duc *DE BERRY.*

Au Mois d'Avril M. D C C I.

Avec l'explication des Devises, des Emblémes, des Medailles, & des autres ornemens qui accompagnent le Feu.

À LYON,

Chez LOUIS PASCAL, Libraire Ruë Merciere, proche la Place des Jacobins.

AVEC PERMISSION.

DESSEIN

IL y a environ dix - huit années qu'on découvrit dans le Ciel deux nouvelles Planetes qui avoient été inconnuës à tous les ſiécles paſſez. On leur donna le nom d'Aſtres de Loüis le Grand , *Sidera Lodoicea* ; parce que c'eſt ſous ſon Regne glorieux, ſous ſes auſpices & par ſes Aſtronomes, qu'ils ont été découverts ; & les obſervations en ont été faites dans l'Obſervatoire Royal de Paris, & par une Académie qui doit au Roy ſon établiſſement & ſa ſplendeur.

L'Illuſtre Mr Caſſini à qui nous devons cette belle découverte , eut l'honneur de preſenter à Sa Majeſté les obſervations qu'il fit là-deſſus , & l'on frappa à cette occaſion une Médaille, qui repreſente d'un côté l'Effigie du Roy , & de l'autre ces nouveaux Aſtres qui tournent autour de Saturne , avec cette Legende.

K ij

SIDERA LODOICEA.
ASTRES DE LOUIS LE GRAND.

Cette Médaille eſt dans le Cabinet du Roy & dans ce-luy de pluſieurs Curieux.

Ces deux Planetes ont leur cours Periodique & ils en-trent aprés un certain nombre d'années dans le ſigne du Lyon céleſte : & c'eſt préciſément dans cette ſituation que nous les enviſageons.

On a creu que deux nouveaux Aſtres, qui portent le Nom de L o ü i s l e G r a n d, qui ont été découverts ſous ſon Regne, qui brillent de la lumiere du Soleil & qui entrent dans le ſigne du Lyon dans des temps que le Soleil n'y eſt pas ; on a creu (dis-je) que deux Aſtres de ce caractere avoient un rapport trés-naturel & une convenance tout-à-fait ſenſible avec les deux A u g u s t e s P r i n c e s qui viennent d'honorer la Ville de Lyon de leur préſence.

Mr Caſſini qui étoit allé par les ordres du Roy conti-nuër juſques aux Pirenées la Ligne Méridienne de Paris, s'eſt trouvé heureuſement à Lyon en ce temps-là , & on luy a oüi dire pluſieurs fois , que l'application de cette découverte ne ſeroit pas moins agréable à Sa Majeſté que la découverte même.

Pour exprimer cette penſée ſur quoy roule tout le deſ-ſein du Feu d'Artifice, on repreſente dans un Zodiaque le Lyon celeſte, ſur lequel on voit deux Aſtres brillans qui viennent d'entrer dans ce ſigne, hors duquel on voit le Soleil qui y a déja paſſé.

Pour l'Ame de cette Embléme on y joint ce mot tiré de Virgile & qui convient juſte au Lyon.

SOLEMQUE SUUM, SUA SIDERA NOVIT
Comme il a ſon Soleil, il faut qu'il ait ſes Aſtres.

C'eſt au ſixiéme livre de l'Enéide , où Virgile donne une idée charmante des champs Eliſées par ces deux beaux vers :

Purior hic campos æther & lumine veſtit
Purpureo, ſolemque ſuum , ſua ſidera norunt

Les deux Quatrains ſuivans ſervent d'explication à l'Embléme.

I. QUATRAIN.

Tels on voit dans le Ciel deux Aſtres remarquables,
Qui du plus grand des Roys portent l'Auguſte Nom ,
Jettant ſur les Mortels leurs regards favorables ,
Sur les pas du Soleil entrer dans le Lion.

II. QUATRAIN.

Tels la terre aujourd'huy voit deux auguſtes Princes
Charmant par leur aſpect nos heureuſes Provinces ,
Montrer dans leur Perſonne aux Peuples éblouïs,
Le Nom, le Sang, l'Image & le Cœur de LOUIS.

L

EXPLICATION
DE LA MACHINE
DU FEU D'ARTIFICE.

Oute la Machine qui eſt de ſoixante dix pieds de haut & large à proportion, porte ſur un grand édifice quarré bâti ſur un Roc qu'on a feint au milieu de la Riviére. Cet édifice repreſente le Palais d'Atlas, ſur lequel le Monde eſt appuyé. Le Rocher porte un Socle, où l'on a gravé diverſes Inſcriptions à la gloire des PRINCES.

Aux quatre coins du Socle paroiſſent quatre Lions de haut relief, qui portent les Armes de Monſeigneur le DUC DE BOURGOGNE. Sur le Socle s'éleve un ordre d'Architecture Ionique à quatre faces, avec les Baſes & les Chapiteaux d'or. Les Entre-Colomnes ſont embellies de Deviſes, d'Emblémes & de Médailles ſur le Sujet de la Fête. Sur la Corniche, on voit pluſieurs Génies qui l'ornent de tous côtés de feſtons de fleurs.

Sur ce vaſte édifice, qui n'eſt que pour élever les figures, qui font proprement le ſujet de l'Embléme : on voit un Globe terreſtre ſur lequel ſoufflent les quatre vents Cardinaux, repreſentés par quatre grandes figures peintes au naturel.

Au deſſus du Globe on a repreſenté en éloignement une partie du Zodiaque avec le Lion Céleſte, & les deux ASTRES DE LOÜIS LE GRAND : qui viennent d'entrer dans ce Signe, hors duquel on voit le Soleil qui éclaire ces deux Planetes.

J. Buys

PREMIERE FACE.
MADRIGAL
SUR MONSEIGNEUR
LE DUC DE BOURGOGNE

Ce PRINCE *l'espoir de la France*
Soûtient par ses vertûs tout l'éclat de son rang.
Son cœur & son esprit dignes de sa naissance
Marquent dans quelle Source il a puisé son Sang.
On trouve dans son Caractére
De son auguste Ayeul les suprêmes talens,
Et la valeur de son Illustre Pere,
Qui dans lui croît avec les ans.
Pour tracer en un mot son Image fidéle;
Le Ciel, en nous formant un PRINCE *si parfait,*
A pris LOUIS *pour son Modéle.*
Mais c'est pour nous seul qu'il l'a fait.

Sur la nouvelle qui s'est répanduë que Monseigneur le Duc de BOURGOGNE va commander l'Armée du Roy en Allemagne.

I. DEVISE.

L'Aigle qui selon le langage ordinaire des Poëtes porte la Foudre de Jupiter, avec ce mot :

CUI MELIUS SUA FULMINA CREDAT JUPITER ?
Qui peut de Jupiter mieux porter le Tonnerre ?

Personne n'ignore que les Poëtes ont donné à l'Aigle le soin de porter la Foudre de Jupiter, d'où vient cette expression d'Horace.

Qualem ministrum fulminis alitem &c.

Pour exprimer la parfaite union qu'il y a entre Monseigneur le Duc de BOURGOGNE & Monseigneur le Duc de BERRY.

II. DEVISE.

Les deux Astres qu'on appelle LES GEMEAUX qui sont un présage de beau temps, lorsqu'ils paroissent tous deux à la fois. Ces paroles servent d'Ame à la Dévise.

JUNCTI FAUSTA OMNIA SIGNANT.
Ces deux Astres unis sont d'un heureux présage.

Horace parle dans ce sens de l'union de ces deux étoiles, lorsqu'il dit dans la douziéme Ode de son premier Livre.

Quorum

- - - - - - - Quorum ſimul alba nautis ſtella refulſit,

Defluit ſaxis agitatus humor :

Concidunt venti, fugiuntque nubes,

Et minax (quod ſic voluere) ponto unda recumbit.

Pour remarquer le courage infatigable qu'on admire dans les deux Princes.

EMBLEME.

Remus & Romulus Fils de Mars & petits Fils de Jupiter, avec ce mot tiré du ſixiéme Livre de Virgile :

JUVENES QUANTAS OSTENTANT ASPICE VIRES.

Quel Noble feu déja brille ſur leur viſage.

On voit ſans peine le rapport de Jupiter avec le ROY, & celui de Mars avec Monseigneur, dont la valeur luy a fait ſi ſouvent donner ce Nom.

Pour exprimér combien la France compte & ſur la Valeur & ſur la Bonté de Monſeigneur le Duc de Bourgogne.

MEDAILLE.

Le revers repreſente une figure qui porte d'une main un Javelot, & de l'autre une Corne d'abondance, avec cette Legende.

SECULI NOVI FELICITAS.

De ce Siécle naiſſant le bonheur & l'Eſpoir.

M.

II. FACE.

SUr l'Application particuliere de Monſeigneur le Duc de Bourgogne à s'inſtruire dans ſon Voyage, de tout ce qu'il convient à un Souverain de ſçavoir, & à ſe perfectionner toûjours de plus en plus.

I. DEVISE.

Un fleuve qui devient toûjours plus grand à meſure qu'il parcourt plus de Païs, avec ce mot Eſpagnol.

MAZ CAMINA MAS CRECE.
On le voit croître dans ſa courſe.

Pour exprimer le merite brillant de Monſeigneur le Duc de Berry.

II. DEVISE.

Vne Lune dans ſon plein avec cette ame ;

SOLVS VINCIT ME LVMINE FRATER.
C'eſt à mon Frere ſeul que je céde en lumiere.

La Lune que les Poëtes ne diſtinguent point de Diane, eſt ſœur du Soleil, qui eſt le même qu'Apollon.

Pour marquer que Messeigneurs les PRINCES sont la vive & la vraye Image du Roy.

DEVISE.

Deux Parelies formez dans une nuë par le Soleil, avec ce mot.

NOS HILARAT SIMILI PROLE.

MADRIGAL.

PRINCES, *si vous n'étiez que les Fils de LOUIS,*
Par l'éclat d'un tel Nom les Peuples éblouïs
Courroient vous rendre leur hommage.
Mais vous êtes ses Fils & sa parfaite Image.
On voit dans vous son Nom, son Sang & son courage.
En faut-il PRINCES d'avantage
Pour causer parmy nous ces transports inouïs.

Pour exprimer l'amour de tous les François pour Messeigneurs les Princes.

MEDAILLE.

Les deux Princes à cheval avec cette legende:

PRINCIPES JUVENTUTIS.

Au gré de nos souhaits Princes de la jeunesse.

Ce revers est tiré de la Medaille de Germanicus & de Drusus petits Fils d'Auguste.

III. FACE.

POUR marquer que les Peuples qui ont eu le bon-heur de voir Monseigneur le Duc de Bourgogne dans son Voyage, ont redoublé l'estime extraordinaire qu'ils avoient déja pour luy.

DEVISE.

Un Vaisseau que des gens éloignez voient s'appro-cher d'eux avec ce mot.

MAJOR QUO PROPIOR.

Plus on le voit de prez, plus on le trouve grand.

Sur l'impression que les grands exemples du Roy ont fait dépuis long-temps sur l'esprit & sur le cœur de Messeigneurs les PRINCES.

DEVISE.

Deux Miroirs ardens qui reçoivent les Rayons du Soleil, avec ces mots tirés de Virgile.

IDEM AMBO SIMUL ARDOR HABET.
Même feu, même ardeur, les embraze tous deux.

Pour marquer que Monseigneur le Duc de Bourgo-gne, suit fidélement les Mouvemens & les Traces de LOUIS LE GRAND.

DEVISE.

DEVISE.

Un Heliotrope autrement nommé Tourne-Sol,
qui ſelon les Naturaliſtes ſe tourne toûjours vers le Soleil, avec ces mots :

FORMA EADEM, PAR MOTVS VTRIQVE.
Je ſuis ſon mouvement, & je porte ſes traits.

Sur l'union qui eſt entre les deux Princes.

MEDAILLE.

Deux mains jointes avec cette Legende :

AMOR MVTVVS PRINCIPVM.
De deux Princes parfaits la charmante Concorde.

IV· FACE.

QVATRAIN.

Aux trãsports les plus doux, Peuples, qu'on s'abandõne.

Mais beniſſez, ſur tout l'Hymen du Grand LOUIS;

Puiſqu'il donne à ſon Sang une riche Couronne,

Et qu'il vous fait voir ſes deux Fils.

Pour PHILIPPE V. Roy d'Eſpagne.

DEVISE.

Vn diamant de grand prix qu'on fait venir d'un

païs éloigné, pour embellir une Couronne, avec ces paroles pour ame :

NATALE SOLVM DIADEMATE MVTO.
Si je viens de si loin, c'est pour une Couronne.

Pour exprimer que Monseigneur le Duc de Bourgogne est destiné par le Roy, pour aller soûtenir le droit du Roy d'Espagne son Frere.

EMBLEME.

Alexandre qui se prepare à couper le nœud gordien avec son épée, & ces paroles pour ame.

AMBAGES VANAS HÆC DEXTRA RESOLVET,
Ce Fer va d'un seul coup trancher tous ces vains Nœuds.

Pour exprimer la joye que les Peuples ont de voir les deux Princes.

DEVISE.

Les deux planetes qu'on nomme HESPERUS & JUPITER, qui brillent le plus dans le Ciel, dans l'absence du Soleil, avec ces mots :

SVPPLENT ABSENTIS LVMINA SOLIS.
Ces deux Astres brillans remplacent le Soleil.

Sur la grande Concorde des deux Augustes Princes.

EMBLEME.

Castor & Pollux Fils de Jupiter, qui quoyque d'un

ſort different , partagent enſemble l'immortalité , avec ce mot :

SORS DIVERSA; PARES AMOR EFFICIT.
Si leur Sort eſt divers , l'amour les rend égaux.

Tout l'Edifice étoit garni d'environ cinq mille Lances à feu , qui furent toutes allumées dans un inſtant , & qui rendirent cette Machine ſi brillante qu'elle éblouïſſoit la vûë : les deux Aſtres de Loüis le Grand qui faiſoient le fond de l'Emblême étoient diſtinguez par leur grand éclat , & par une infinité de petites étoiles qu'elles jettoient de temps en temps. Les quatre Faces de l'Edifice étoient embellies de quantité de *Moulinets* qui firent un bel effet par la rapidité de leur mouvement circulaire. Les Lions qui étoient aux quatre coins des Socles & qui portoient les Armes des Princes, ſe firent auſſi fort remarquer par les Feux d'Artifice qu'ils jettoient continuellement.

On n'entre point dans le détail des Fuſées à Serpenteaux, qui voltigeoient ſur la Riviére, des Fuſées à étoiles qui éclatoient en l'air , des groſſes Fuſées qu'on voyoit s'élever à une hauteur prodigieuſe , des pluyes d'or & des *Gerbes* qu'on vit partir durant une heure , & dont il y en avoit pluſieurs qui étoient de trois ou quatre cens Fuſées chacune.

F I N.

PERMISSION.

SUr la requiſition de LOÜIS PASCAL. Je conſens qu'il luy ſoit permis de faire imprimer *l'Explication du Feu d'Artifice*, preparé pour Noſſeigneurs les PRINCES. Avec les deffences accoûtumées. Fait à Lyon, le premier Avril mil ſept cens un.

AUBERT.

SOIT fait ſuivant les Concluſions du Procureur du Roy. Fait à Lyon les an & jour ſuſdit.

DUGAS.

A LYON, de l'Imprimerie de L. LANGLOIS, Ruë Petit Soulier. 1701.